Impressum
Verlag: BABADADA GmbH, Nedderfeld 112 , 22529 Hamburg
Geschäftsführer / Verlagsleitung: Harald Hof
Druck: Books on Demand GmbH, In de Tarpen 42, 22848 Norderstedt

Imprint
Publisher: BABADADA GmbH, Nedderfeld 112 , 22529 Hamburg, Germany
Managing Director / Publishing direction: Harald Hof
Print: Books on Demand GmbH, In de Tarpen 42, 22848 Norderstedt, Germany

škola

школа

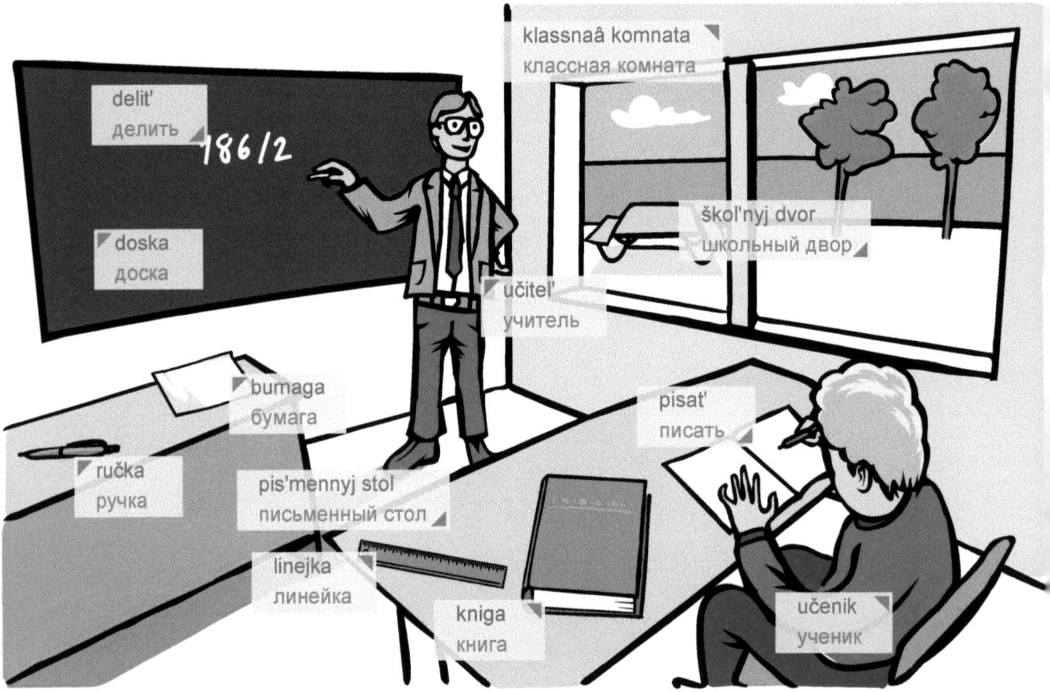
klassnaâ komnata
классная комната
delit'
делить
186/2
doska
доска
škol'nyj dvor
школьный двор
učitel'
учитель
bumaga
бумага
pisat'
писать
ručka
ручка
pis'mennyj stol
письменный стол
linejka
линейка
kniga
книга
učenik
ученик

ranec

ранец

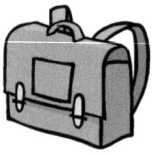

penal

пенал

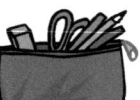

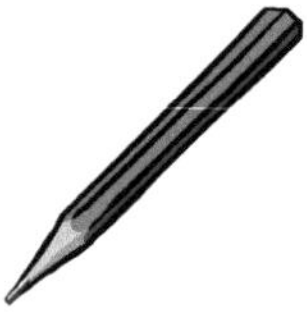

karandaš

карандаш

točilka

точилка

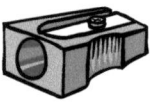

lastik

ластик

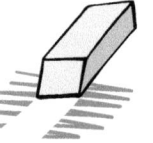

al'bom dlâ risovaniâ

альбом для рисования

risunok

рисунок

kistočka

кисточка

korobka krasok

коробка красок

nožnicy

ножницы

klej

клей

tetrad'

тетрадь

domašnââ rabota

домашняя работа

cyfra

цифра

pribavlât'

прибавлять

vyčitat'

вычитать

umnožat'

умножать

sčitat'

считать

bukva

буква

alfavit

алфавит

slovo

слово

škola - школа

tekst

текст

čitat'

читать

mel

мел

urok

урок

klassnyj žurnal

классный журнал

èkzamen

экзамен

diplom

диплом

škol'naâ forma

школьная форма

obrazovanie

образование

èncyklopediâ

энциклопедия

universitet

университет

mikroskop

микроскоп

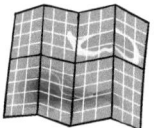

karta

карта

korzina dlâ bumag

корзина для бумаг

putešestvie
путешествие

gostinica
гостиница
Grand
turbaza
турбаза
ROOMS
EXCHANGE
punkt obmena valûty
пункт обмена валюты
čemodan
чемодан
avtomobil'
автомобиль

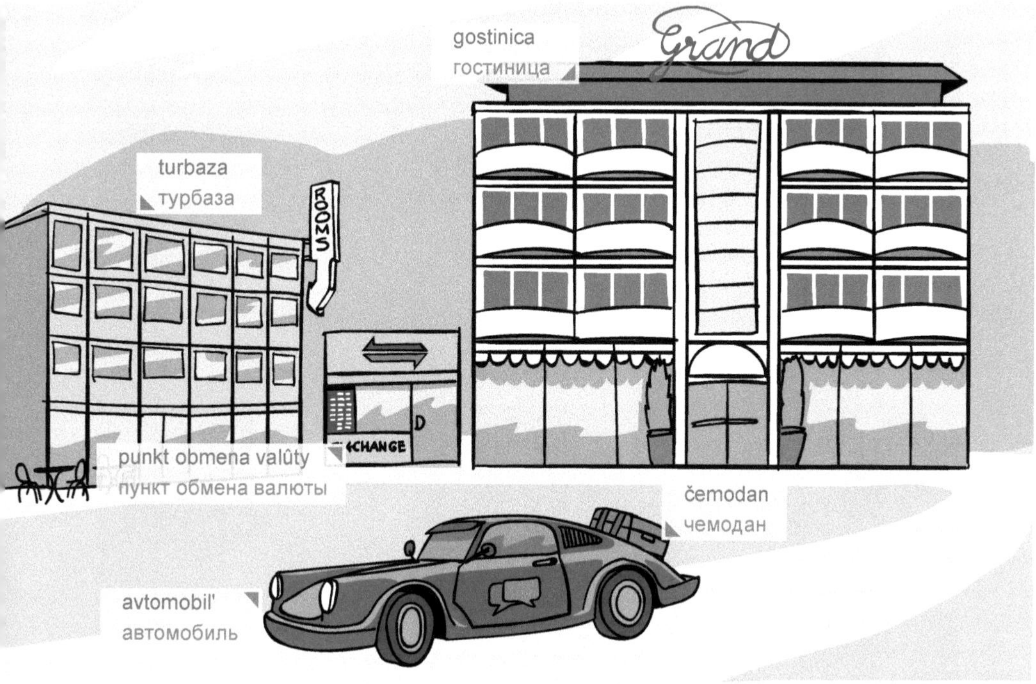

âzyk
язык

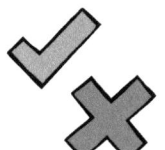

da / net
да / нет

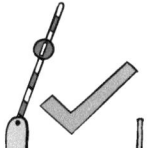

horošo
хорошо

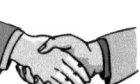

Privet
Привет

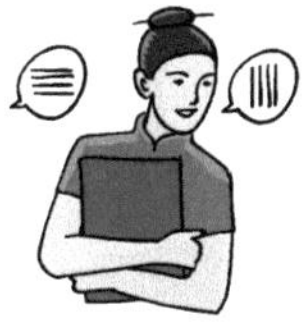

perevodčik
переводчик

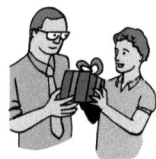

Spasibo
Спасибо

Skol'ko stoit...?

Сколько стоит...?

Â ne ponimaû

Я не понимаю

problema

проблема

Dobryj večer!

Добрый вечер!

Dobroe utro!

Доброе утро!

Dobroj noči!

Доброй ночи!

Do svidaniâ

До свидания

napravlenie

направление

bagaž

багаж

sumka

сумка

rûkzak

рюкзак

gost'

гость

komnata

комната

spal'nyj mešok

спальный мешок

palatka

палатка

turističeskaâ informacyâ

туристическая информация

plâž

пляж

kreditnaâ kartočka

кредитная карточка

zavtrak

завтрак

obed

обед

užyn

ужин

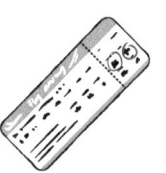

bilet

билет

lift

лифт

počtovaâ marka

почтовая марка

granica

граница

tamožnâ

таможня

posol'stvo

посольство

viza

виза

pasport

паспорт

transport

транспорт

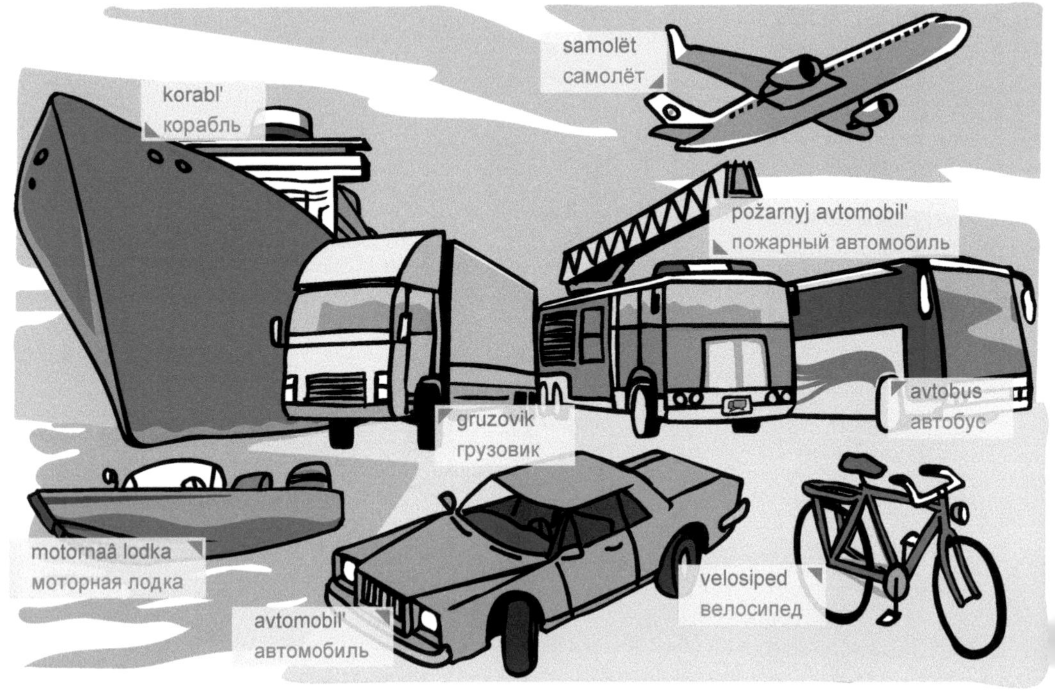

samolët
самолёт
korabl'
корабль
požarnyj avtomobil'
пожарный автомобиль
avtobus
автобус
gruzovik
грузовик
motornaâ lodka
моторная лодка
velosiped
велосипед
avtomobil'
автомобиль

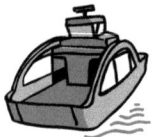

parom

паром

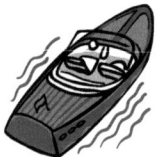

lodka

лодка

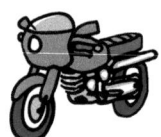

motocykl

мотоцикл

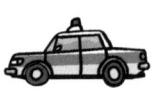

policejskij avtomobil'

полицейский автомобиль

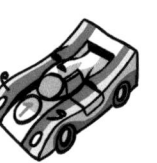

gonočnyj avtomobil'

гоночный автомобиль

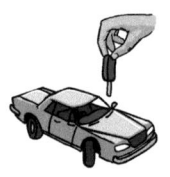

arendovannyj avtomobil'

арендованный автомобиль

sovmestnoe pol'zovanie
avtomobilâmi

совместное пользование
автомобилями

buksirovočnyj avtomobil'

буксировочный
автомобиль

musorovoz

мусоровоз

dvigatel'

двигатель

toplivo

топливо

zapravka

заправка

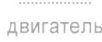

dorožnyj znak

дорожный знак

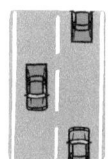

dviženie

движение

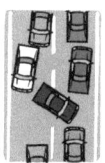

probka

пробка

avtostoânka

автостоянка

vokzal

вокзал

rel'sy

рельсы

poezd

поезд

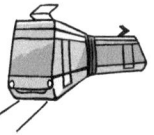

tramvaj

трамвай

vagon

вагон

vertolët

вертолёт

aèroport

аэропорт

vyška

вышка

passažyr

пассажир

kontejner

контейнер

korobka

коробка

teležka

тележка

korzina

корзина

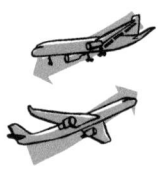

vzletat' / prizemlât'sâ

взлетать / приземляться

gorod

город

derevnâ

деревня

centr goroda

центр города

dom

дом

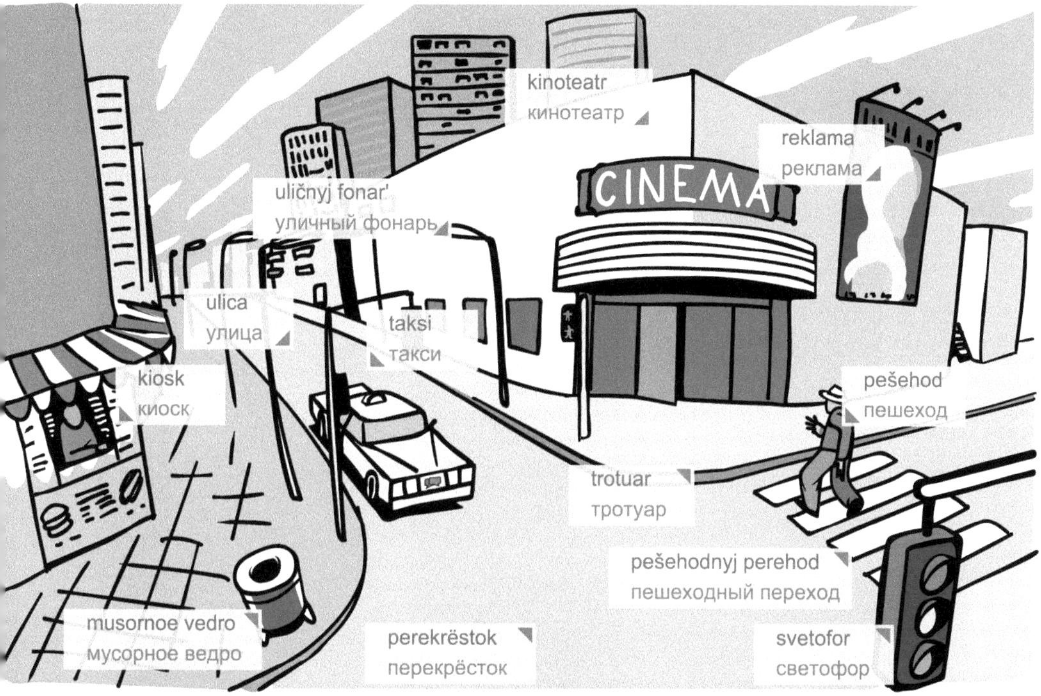

kinoteatr
кинотеатр

reklama
реклама

uličnyj fonar'
уличный фонарь

ulica
улица

taksi
такси

CINEMA

pešehod
пешеход

kiosk
киоск

trotuar
тротуар

pešehodnyj perehod
пешеходный переход

musornoe vedro
мусорное ведро

perekrëstok
перекрёсток

svetofor
светофор

hižyna

хижина

kvartira

квартира

vokzal

вокзал

ratuša

ратуша

muzej

музей

škola

школа

universitet

университет

bank

банк

bol'nica

больница

gostinica

гостиница

apteka

аптека

ofis

офис

knižnyj magazin

книжный магазин

magazin

магазин

cvetočnyj magazin

цветочный магазин

supermarket

супермаркет

rynok

рынок

univermag

универмаг

torgovec ryboj

торговец рыбой

torgovyj centr

торговый центр

port

порт

park

парк

skamejka

скамейка

most

мост

lestnica

лестница

metro

метро

tonnel'

тоннель

avtobusnaâ ostanovka

автобусная остановка

bar

бар

restoran

ресторан

počtovyj âšik

почтовый ящик

tablička s nazvaniem ulicy

табличка с названием улицы

parkometr

паркометр

zoopark

зоопарк

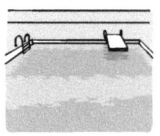

bassejn

бассейн

mečet'

мечеть

ferma
ферма

zagrâznenie okružaûšej sredy
загрязнение окружающей среды

kladbiše
кладбище

cerkov'
церковь

detskaâ plošadka
детская площадка

hram
храм

landšaft
ландшафт

list
лист

dorožnyj ukazatel'
дорожный указатель

doroga
дорога

lug
луг

kamen'
камень

derevo
дерево

putešestvennik
путешественник

reka
река

trava
трава

cvetok
цветок

dolina

долина

gora

гора

ozero

озеро

les

лес

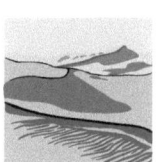

pustynâ

пустыня

vulkan

вулкан

zamok

замок

raduga

радуга

grib

гриб

pal'ma

пальма

komar

комар

muha

муха

muravej

муравей

pčela

пчела

pauk

паук

landšaft - ландшафт

žuk

жук

lâguška

лягушка

belka

белка

ež

еж

zaâc

заяц

sova

сова

ptica

птица

lebed'

лебедь

kaban

кабан

olen'

олень

los'

лось

plotina

плотина

vetrânoj generator

ветряной генератор

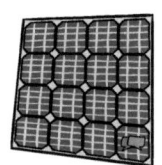

solnečnaâ batareâ

солнечная батарея

klimat

климат

restoran

ресторан

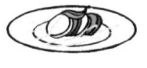

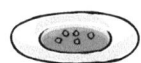

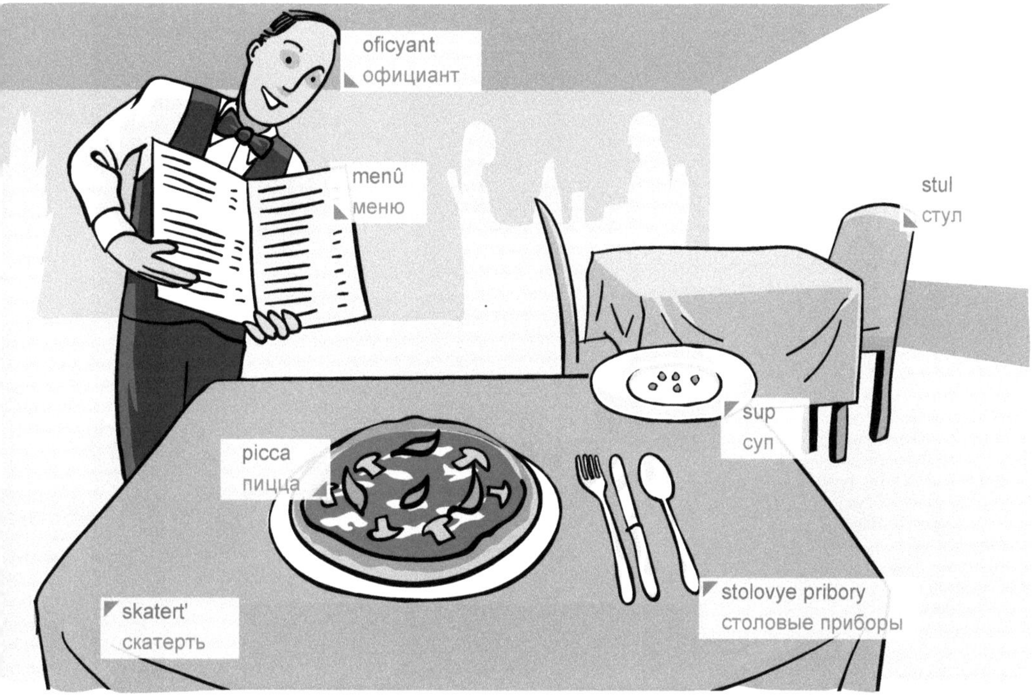

oficyant
официант
menû
меню
stul
стул
sup
суп
picca
пицца
stolovye pribory
столовые приборы
skatert'
скатерть

zakuska
закуска

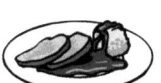

glavnoe blûdo
главное блюдо

desert
десерт

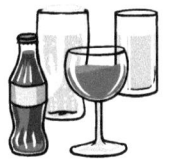

napitki
напитки

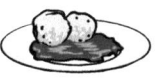

eda
еда

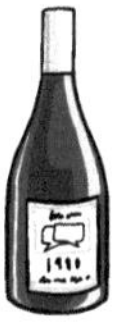

butylka
бутылка

fastfud

фастфуд

uličnaâ eda

уличная еда

čajnik

чайник

saharnica

сахарница

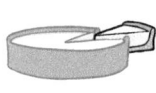

porcyâ

порция

kofevarka

кофеварка

detskij stul'čik

детский стульчик

sčet

счет

podnos

поднос

nož

нож

vilka

вилка

ložka

ложка

čajnaâ ložka

чайная ложка

salfetka

салфетка

stakan

стакан

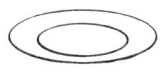

tarelka

тарелка

supovaâ tarelka

суповая тарелка

blûdce

блюдце

sous

соус

solonka

солонка

mel'nica dlâ perca

мельница для перца

uksus

уксус

maslo

масло

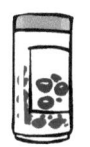

specyi

специи

ketčup

кетчуп

gorčica

горчица

majonez

майонез

supermarket
супермаркет

specyal'noe predloženie
специальное предложение
FOR
pokupatel'
покупатель
moločnye produkty
молочные продукты
frukty
фрукты
težka dlâ pokupok
тележка для покупок

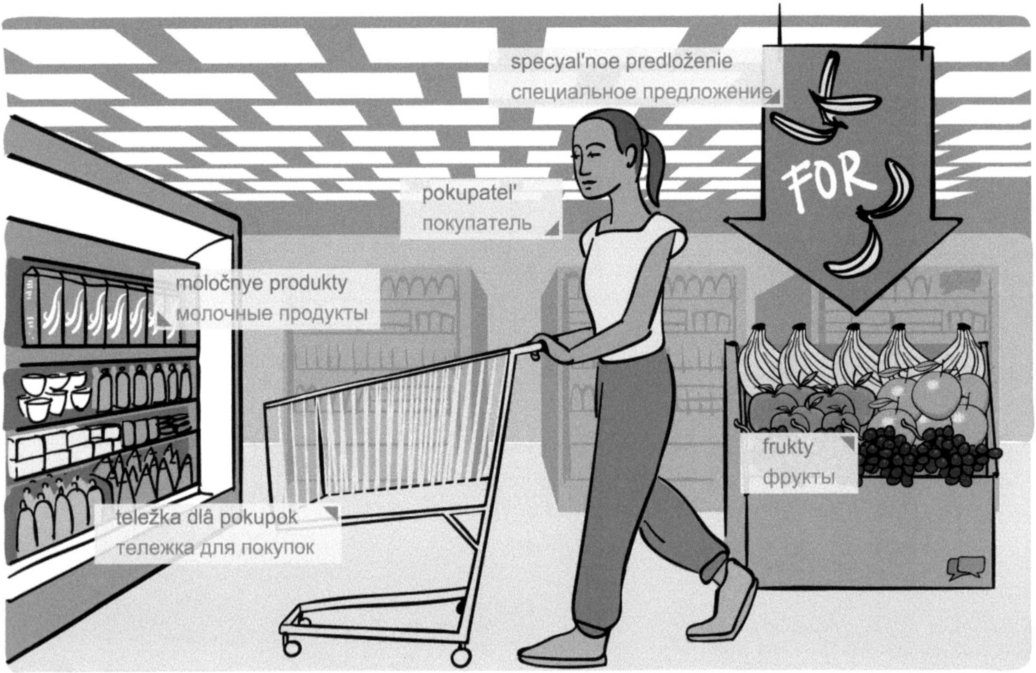

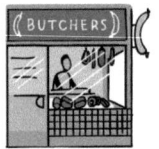

BUTCHERS
mâsnoj magazin

мясной магазин

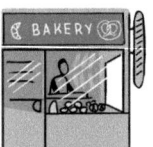

BAKERY
pekarnâ

пекарня

vzvešyvat'

взвешивать

ovoŝi

овощи

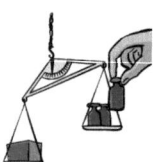

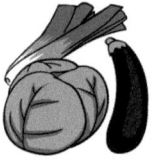

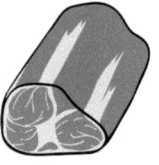

mâso

мясо

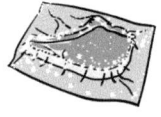

bystrozamorožennye produkty

быстрозамороженные продукты

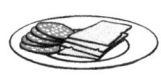

narezka

нарезка

konservy

консервы

stiral'nyj porošok

стиральный порошок

sladosti

сладости

predmet domašnego obihoda

предмет домашнего обихода

moûšee sredstvo

моющее средство

prodavŝica

продавщица

kassa

касса

kassir

кассир

spisok pokupok

список покупок

vremâ raboty

время работы

bumažnik

бумажник

kreditnaâ kartočka

кредитная карточка

sumka

сумка

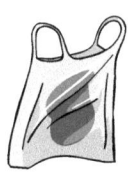

poliètilenovyj paket

полиэтиленовый пакет

supermarket - супермаркет

voda

вода

sok

сок

moloko

молоко

koka-kola

кока-кола

vino

вино

pivo

пиво

alkogol'

алкоголь

kakao

какао

čaj

чай

kofe

кофе

èspresso

эспрессо

kapučino

капучино

banan

банан

âbloko

яблоко

apel'sin

апельсин

arbuz

арбуз

limon

лимон

morkov'

морковь

česnok

чеснок

bambuk

бамбук

luk

лук

grib

гриб

orehi

орехи

lapša

лапша

spagetti

спагетти

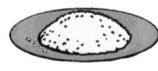

ris

рис

salat

салат

kartofel' fri

картофель фри

žarenyj kartofel'

жареный картофель

picca

пицца

gamburger

гамбургер

sèndvič

сэндвич

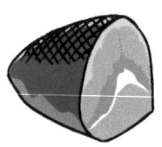

šnicel'

шницель

vetčina

ветчина

salâmi

салями

kolbasa

колбаса

kurica

курица

žarkoe

жаркое

ryba

рыба

ovsânye hlop'â

овсяные хлопья

mûsli

мюсли

kukuruznye hlop'â

кукурузные хлопья

muka

мука

kruassan

круассан

buločka

булочка

hleb

хлеб

tost

тост

pečen'e

печенье

maslo

масло

tvorog

творог

pirog

пирог

âjco

яйцо

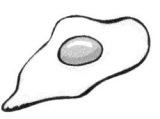

âičnica

яичница

syr

сыр

moroženoe
мороженое

sahar
сахар

mёd
мёд

marmelad
мармелад

krem s nugoj
крем с нугой

karri
карри

ferma
ферма

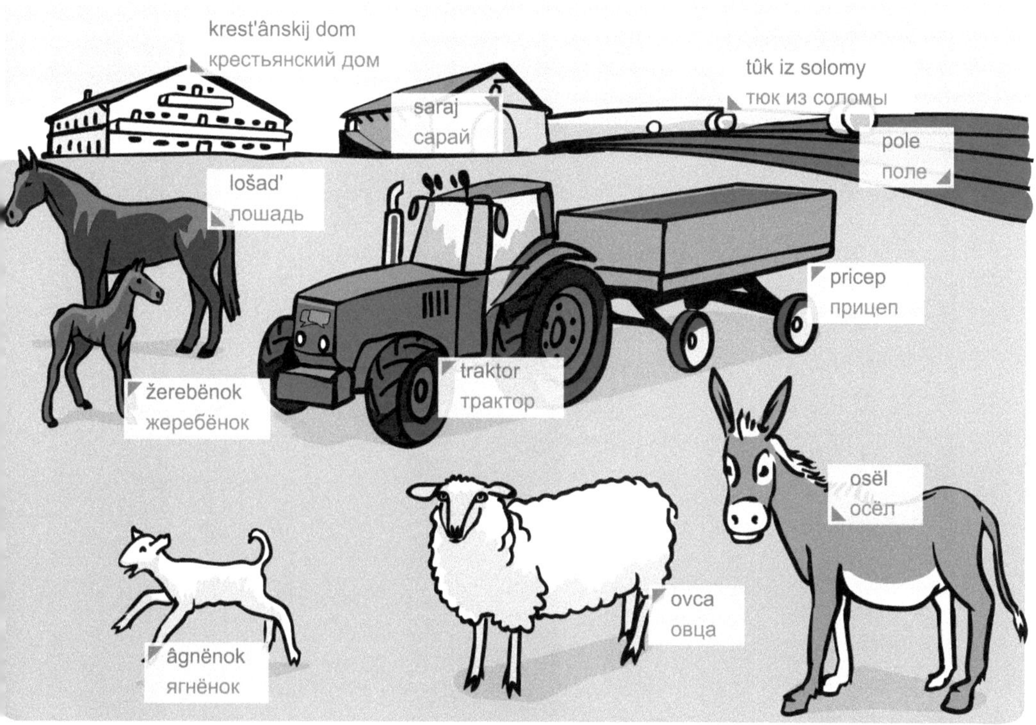

krest'ânskij dom
крестьянский дом
saraj
сарай
tûk iz solomy
тюк из соломы
pole
поле
lošad'
лошадь
pricep
прицеп
traktor
трактор
žerebënok
жеребёнок
osël
осёл
ovca
овца
âgnënok
ягнёнок

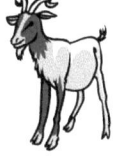

koza

коза

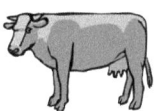

korova

корова

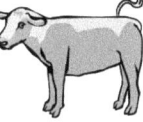

telënok

телёнок

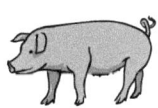

svin'â

свинья

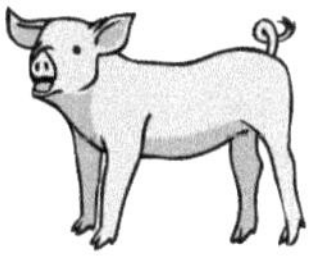

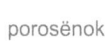

porosënok

поросёнок

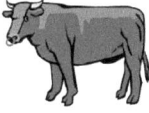

byk

бык

gus'

гусь

utka

утка

cyplënok

цыплёнок

kurica

курица

petuh

петух

krysa

крыса

koška

кошка

myš'

мышь

vol

вол

sobaka

собака

konura

конура

sadovyj šlang

садовый шланг

lejka

лейка

kosa

коса

plug

плуг

serp

серп

motyga

мотыга

navoznye vily

навозные вилы

topor

топор

tačka

тачка

koryto

корыто

bidon dlâ moloka

бидон для молока

mešok

мешок

zabor

забор

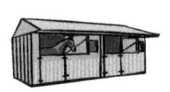

hlev

хлев

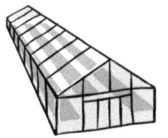

teplica

теплица

počva

почва

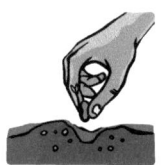

posev

посев

udobrenie

удобрение

kombajn

комбайн

sobirať urožaj
....
собирать урожай

urožaj
....
урожай

âms
....
ямс

pšenica
....
пшеница

soâ
....
соя

kartofel'
....
картофель

kukuruza
....
кукуруза

raps
....
рапс

fruktovoe derevo
....
фруктовое дерево

maniok
....
маниок

zlaki
....
злаки

dymohod
дымоход

kryša
крыша

vodostočnyj želob
водосточный желоб

okno
окно

garaž
гараж

zvonok
звонок

dver'
дверь

musornoe vedro
мусорное ведро

počtovyj âŝik
почтовый ящик

sad
сад

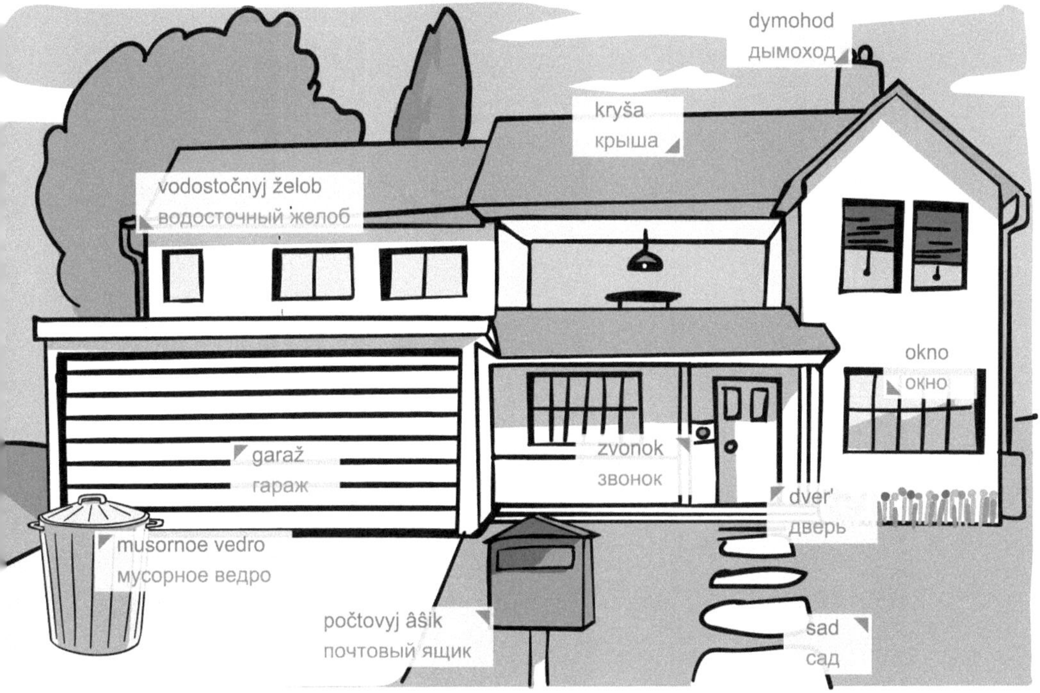

gostinaâ

гостиная

vannaâ komnata

ванная комната

kuhnâ

кухня

spal'nâ

спальня

detskaâ komnata

детская комната

stolovaâ

столовая

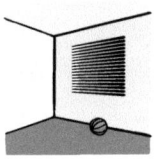

pol

пол

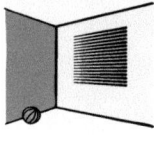

stena

стена

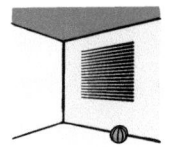

potolok

потолок

podval

подвал

sauna

сауна

balkon

балкон

terrasa

терраса

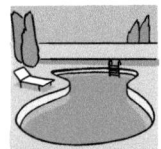

bassejn

бассейн

gazonokosilka

газонокосилка

pododeâl'nik

пододеяльник

pokryvalo

покрывало

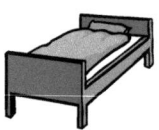

krovat'

кровать

metla

метла

vedro

ведро

vyklûčatel'

выключатель

gostinaâ
гостиная

oboi
обои
risunok
рисунок
lampa
лампа
polka
полка
škaf
шкаф
televizor
телевизор
kamin
камин
cvetok
цветок
poduška
подушка
divan
диван
vaza
ваза
pul't distancyonnogo upravleniâ
пульт дистанционного управления

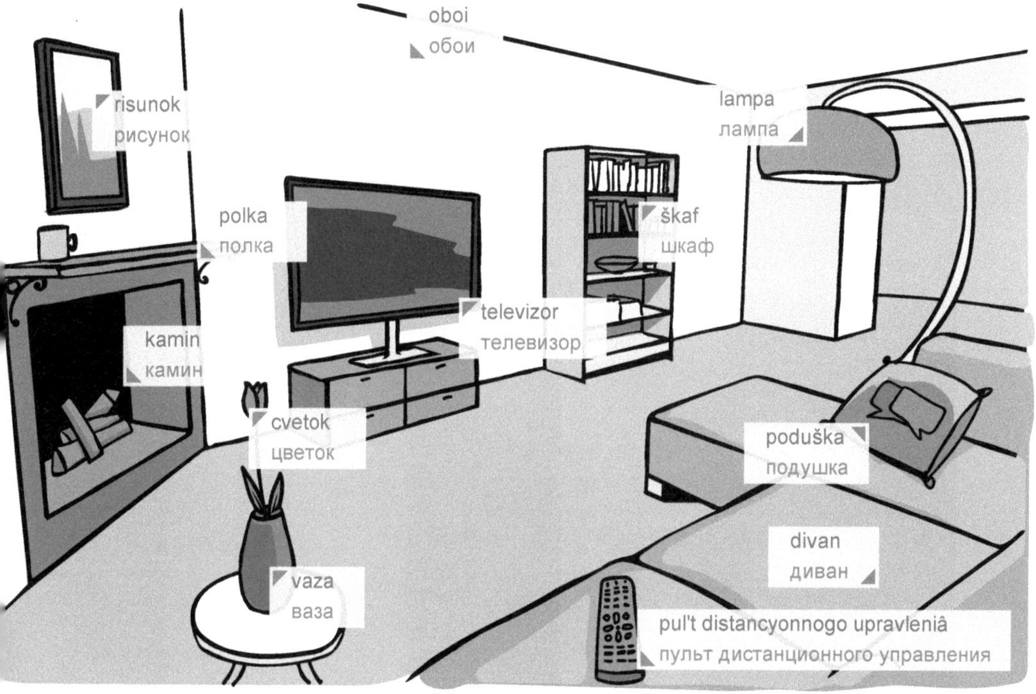

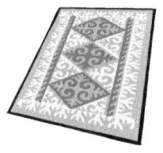

kovër

ковёр

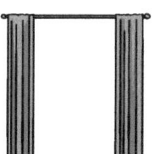

štora

штора

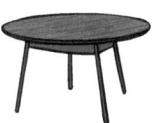

stol

стол

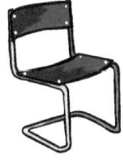

stul

стул

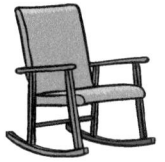

kreslo-kačalka

кресло-качалка

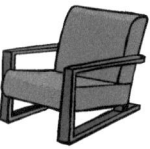

kreslo

кресло

kniga

книга

pokryvalo

покрывало

ukrašenie

украшение

drova

дрова

fil'm

фильм

stereosistema

стереосистема

klûč

ключ

gazeta

газета

kartina

картина

plakat

плакат

radio

радио

bloknot

блокнот

pylesos

пылесос

kaktus

кактус

sveča

свеча

kuhnâ
кухня

holodil'nik
холодильник
mikrovolnovaâ peč'
микроволновая печь
kuhonnye vesy
кухонные весы
toster
тостер
moûšee sredstvo
моющее средство
duhovka
духовка
morozilka
морозилка
musornoe vedro
мусорное ведро
posudomoečnaâ mašyna
посудомоечная машина

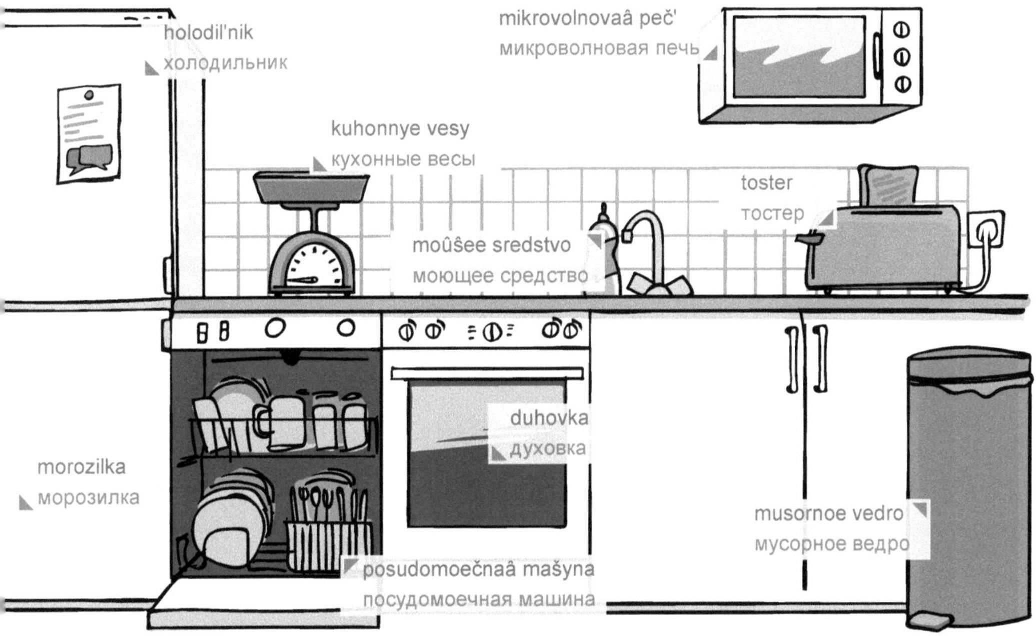

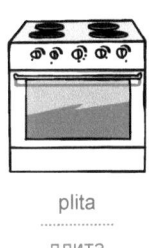

plita

плита

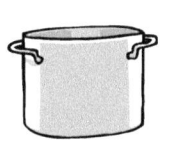

kastrûlâ

кастрюля

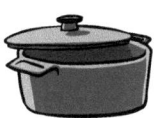

čugunnyj kotelok

чугунный котелок

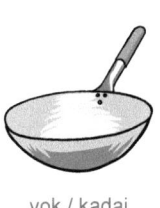

vok / kadaj

вок / кадай

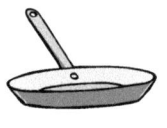

skovoroda

сковорода

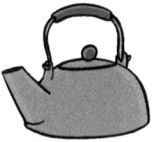

čajnik

чайник

parovarka

пароварка

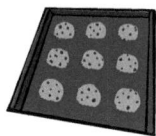

protiven'

противень

posuda

посуда

kružka

кружка

miska

миска

paločki dlâ edy

палочки для еды

polovnik

половник

lopatka

лопатка

sbivalka

сбивалка

sito

сито

sito

сито

tërka

тёрка

stupka

ступка

gril'

гриль

kostër

костёр

doska

доска

skalka

скалка

štopor

штопор

žestânaâ banka

жестяная банка

konservnyj nož

консервный нож

prihvatka

прихватка

rakovina

раковина

šetka

щетка

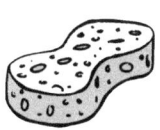

gubka

губка

mikser

миксер

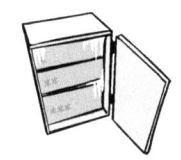

morozil'naâ kamera

морозильная камера

butyločka dlâ kormleniâ

бутылочка для кормления

kran

кран

vannaâ komnata

ванная комната

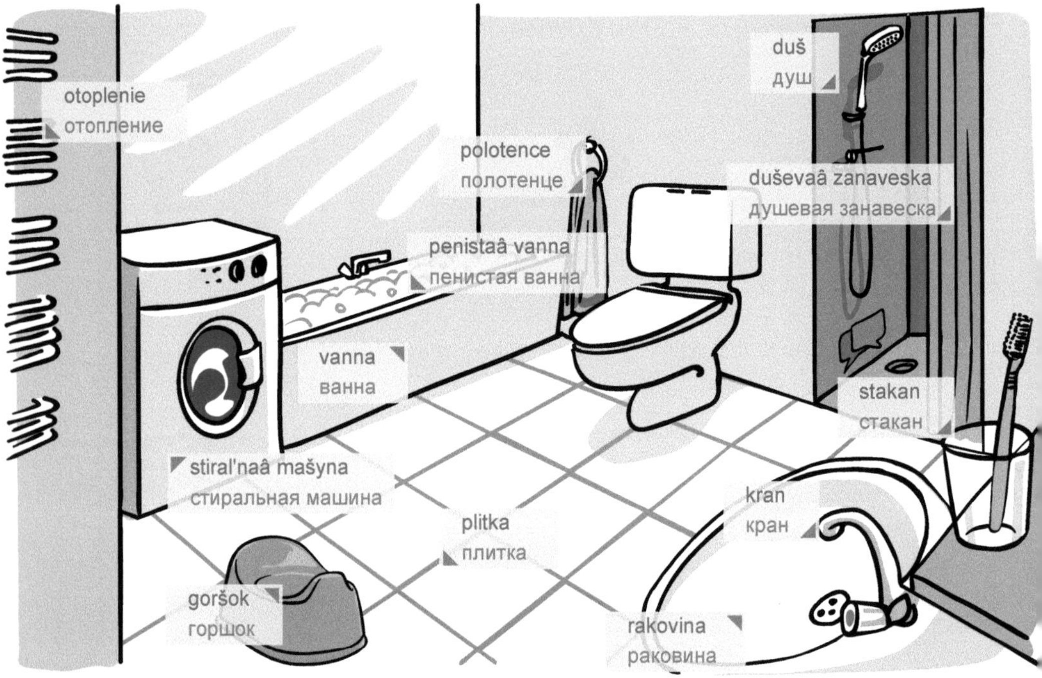

otoplenie
отопление
polotence
полотенце
duš
душ
duševaâ zanaveska
душевая занавеска
penistaâ vanna
пенистая ванна
vanna
ванна
stakan
стакан
stiral'naâ mašyna
стиральная машина
kran
кран
plitka
плитка
goršok
горшок
rakovina
раковина

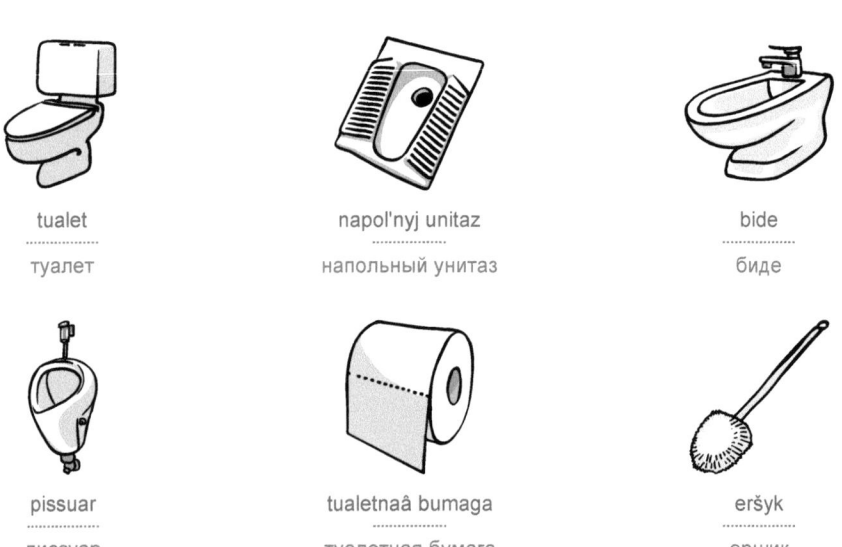

tualet

туалет

napol'nyj unitaz

напольный унитаз

bide

биде

pissuar

писсуар

tualetnaâ bumaga

туалетная бумага

eršyk

ершик

zubnaâ ŝetka

зубная щетка

zubnaâ pasta

зубная паста

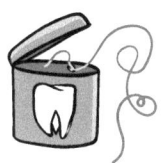

zubnaâ nit'

зубная нить

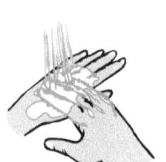

myt'

мыть

ručnoj duš

ручной душ

intimnyj duš

интимный душ

taz

таз

ŝetka dlâ spiny

щетка для спины

mylo

мыло

gel' dlâ duša

гель для душа

šampun'

шампунь

močalka

мочалка

stok

сток

krem

крем

dezodorant

дезодорант

zerkalo

зеркало

ručnoe zerkalo

ручное зеркало

britva

бритва

pena dlâ brit'â

пена для бритья

los'on posle brit'â

лосьон после бритья

rasčeska

расческа

šetka

щетка

fen

фен

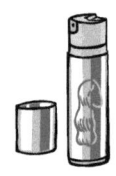

lak dlâ volos

лак для волос

kosmetika

косметика

gubnaâ pomada

губная помада

lak dlâ nogtej

лак для ногтей

vata

вата

manikûrnye nožnicy

маникюрные ножницы

duhi

духи

kosmetička

косметичка

taburetka

табуретка

vesy

весы

halat

халат

rezinovye perčatki

резиновые перчатки

tampon

тампон

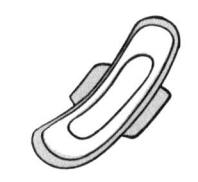

gigieničeskaâ prokladka

гигиеническая прокладка

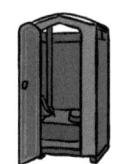

biotualet

биотуалет

detskaâ komnata
детская комната

budil'nik
будильник
mâgkaâ igruška
мягкая игрушка
igrušečnyj avtomobil'
игрушечный автомобиль
pogremuška
погремушка
kukol'nyj domik
кукольный домик
podarok
подарок

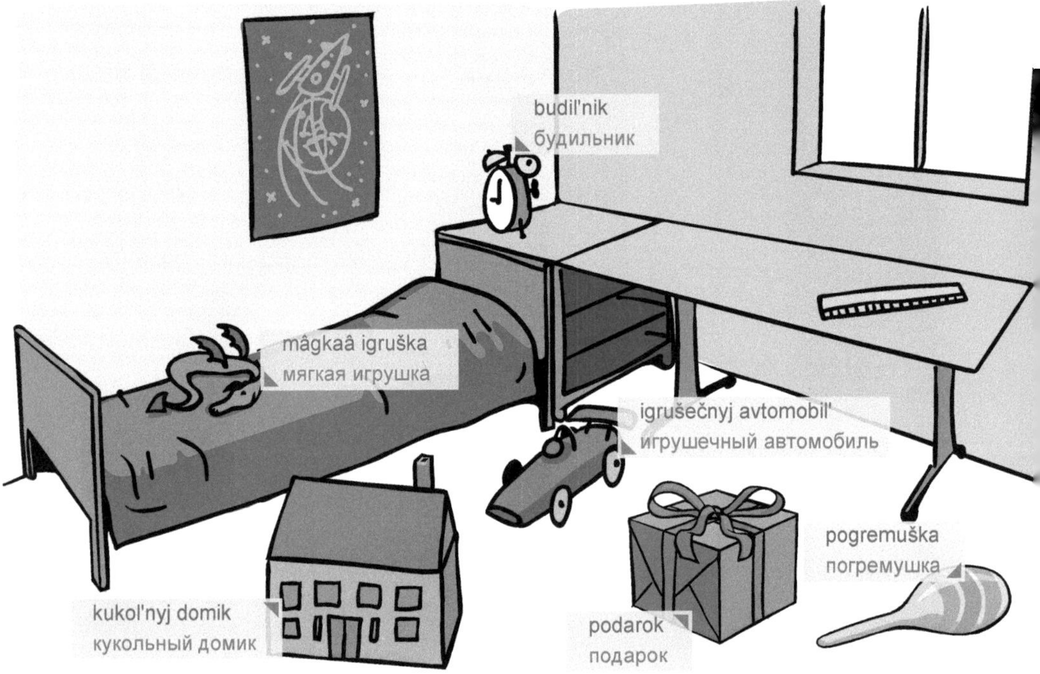

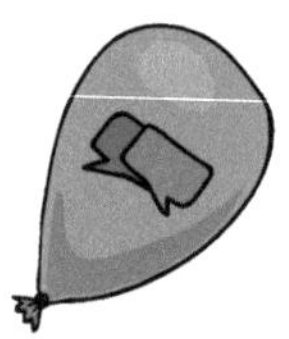

vozdušnyj šar

воздушный шар

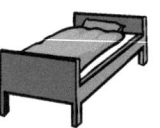

krovat'

кровать

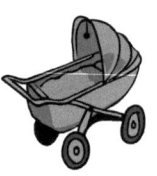

detskaâ kolâska

детская коляска

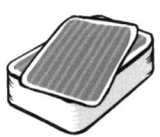

kartočnaâ igra

карточная игра

pazl

пазл

SUPER
MEGA

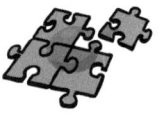

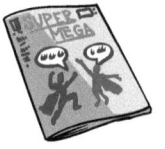

komiks

комикс

kirpičiki Lego

кирпичики Лего

kubiki

кубики

igrušečnaâ figurka

игрушечная фигурка

polzunki

ползунки

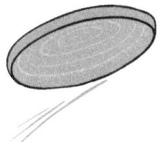

frisbi

фрисби

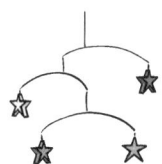

mobile

мобиле

nastol'naâ igra

настольная игра

kubik

кубик

model' železnoj dorogi

модель железной дороги

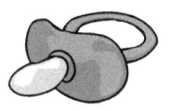

soska

соска

večerinka

вечеринка

kniga s kartinkami

книга с картинками

mâč

мяч

kukla

кукла

igrat'

играть

pesočnica

песочница

kačeli

качели

igruška

игрушка

igrovaâ pristavka

игровая приставка

trëhkolesnyj velosiped

трёхколесный велосипед

plûševyj medvežonok

плюшевый медвежонок

škaf dlâ odeždy

шкаф для одежды

odežda

одежда

noski

носки

čulki

чулки

kolgotki

колготки

šarf
шарф

remen'
ремень

zontik
зонтик

futbolka
футболка

krossovki
кроссовки

sapogi
сапоги

tapki
тапки

sandalii
сандалии

botinki
ботинки

rezinovye sapogi
резиновые сапоги

trusy
трусы

bûstgal'ter
бюстгальтер

majka
майка

odežda - одежда

45

bodi

боди

brûki

брюки

džynsy

джинсы

ûbka

юбка

bluzka

блузка

rubaška

рубашка

sviter

свитер

sviter

свитер

sportivnaâ kurtka

спортивная куртка

žaket

жакет

pal'to

пальто

plaŝ

плащ

kostûm

костюм

plat'e

платье

svadebnoe plat'e

свадебное платье

mužskoj kostûm

мужской костюм

nočnaâ soročka

ночная сорочка

pižama

пижама

sari

сари

platok

платок

tûrban

тюрбан

parandža

паранджа

kaftan

кафтан

abajâ

абайя

kupal'nik

купальник

plavki

плавки

šorty

шорты

sportivnyj kostûm

спортивный костюм

fartuk

фартук

perčatki

перчатки

pugovica

пуговица

očki

очки

braslet

браслет

cepočka

цепочка

kol'co

кольцо

ser'ga

серьга

šapka

шапка

vešalka

вешалка

šlâpa

шляпа

galstuk

галстук

zastežka molniâ

застежка молния

šlem

шлем

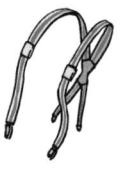

podtâžki

подтяжки

škol'naâ forma

школьная форма

forma

форма

detskij nagrudnik

детский нагрудник

soska

соска

podguznik

подгузник

server
сервер

kancelârskij škaf
канцелярский шкаф

printer
принтер

monitor
монитор

bumaga
бумага

myš'
мышь

pis'mennyj stol
письменный стол

papka
папка

klaviatura
клавиатура

korzina dlâ bumag
корзина для бумаг

stul
стул

komp'ûter
компьютер

kofejnaâ kružka

кофейная кружка

kal'kulâtor

калькулятор

internet

интернет

noutbuk

ноутбук

pis'mo

письмо

soobšenie

сообщение

mobil'nyj telefon

мобильный телефон

set'

сеть

kseroks

ксерокс

programma

программа

telefon

телефон

rozetka

розетка

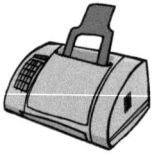

faks

факс

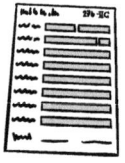

formulâr

формуляр

dokument

документ

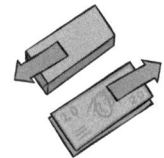

pokupat'

покупать

platit'

платить

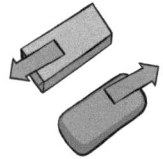

torgovat'

торговать

den'gi

деньги

dollar

доллар

evro

евро

iena

иена

rubl'

рубль

frank

франк

žèn'min'bi ûan'

жэньминьби юань

rupiâ

рупия

bankomat

банкомат

punkt obmena valûty

пункт обмена валюты

zoloto

золото

serebro

серебро

neft'

нефть

ènergiâ

энергия

cena

цена

dogovor

договор

nalog

налог

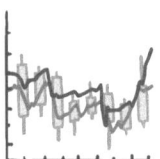

akcyâ

акция

rabotat'

работать

služašij

служащий

rabotodatel'

работодатель

fabrika

фабрика

magazin

магазин

professii
профессии

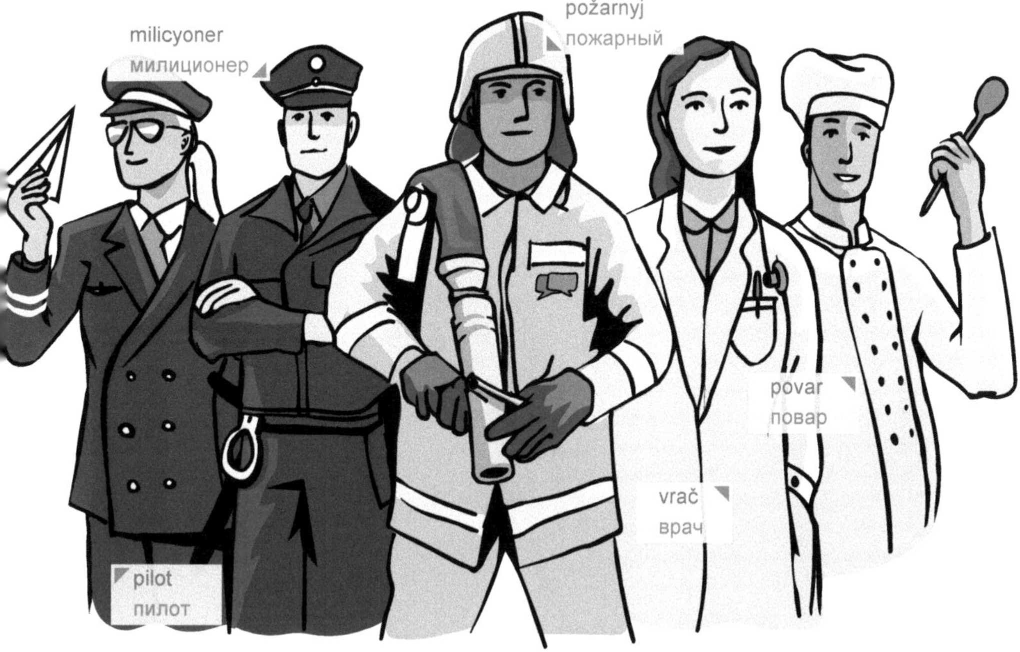
milicyoner
милиционер
požarnyj
пожарный
povar
повар
vrač
врач
pilot
пилот

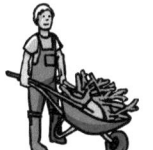

sadovnik

садовник

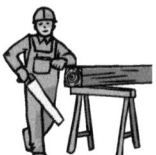

stolâr

столяр

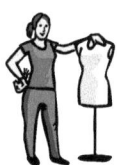

šveâ

швея

sud'â

судья

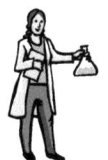

himik

химик

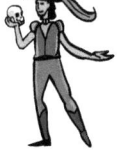

aktër

актёр

voditel' avtobusa

водитель автобуса

taksist

таксист

rybak

рыбак

uborŝica

уборщица

krovel'ŝik

кровельщик

oficyant

официант

ohotnik

охотник

hudožnik

художник

pekar'

пекарь

èlektrik

электрик

stroitel'

строитель

inžener

инженер

mâsnik

мясник

santehnik

сантехник

počtal'on

почтальон

soldat

солдат

arhitektor

архитектор

kassir

кассир

florist

флорист

parikmaher

парикмахер

konduktor

кондуктор

mehanik

механик

kapitan

капитан

zubnoj vrač

зубной врач

učenyj

ученый

ravvin

раввин

imam

имам

monah

монах

svâšennik

священник

instrumenty
инструменты

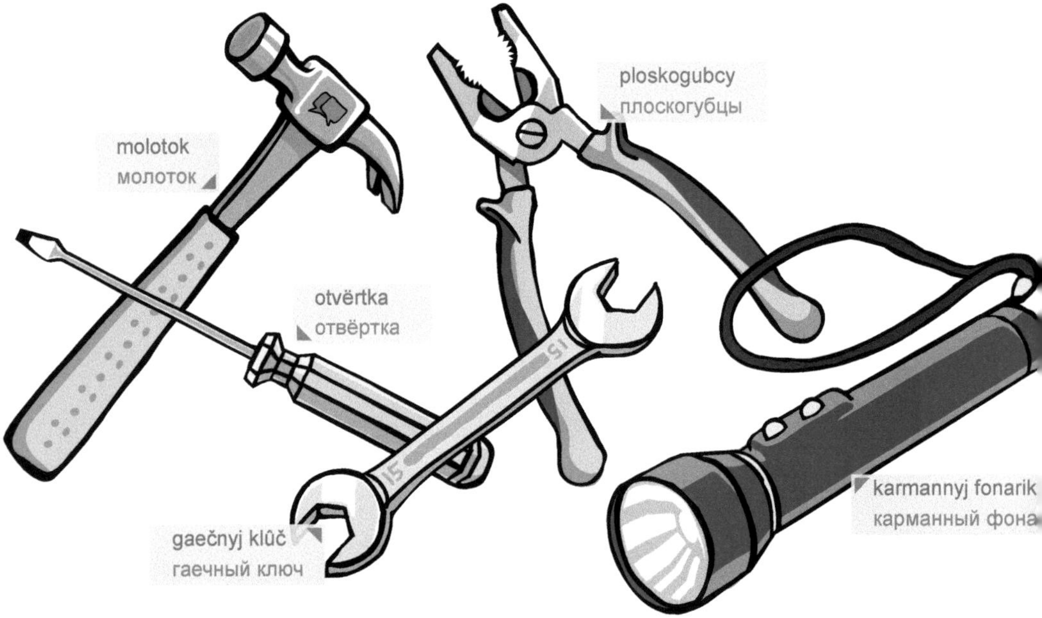

ploskogubcy
плоскогубцы
molotok
молоток
otvërtka
отвёртка
karmannyj fonarik
карманный фона
gaečnyj klûč
гаечный ключ

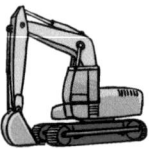

èkskavator

экскаватор

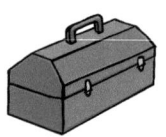

âŝik dlâ instrumentov

ящик для инструментов

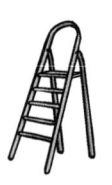

stremânka

стремянка

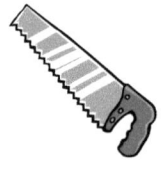

pila

пила

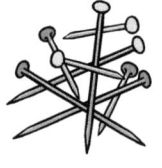

gvozdi

гвозди

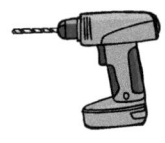

drel'

дрель

remontirovat'

ремонтировать

lopata

лопата

Blin!

Блин!

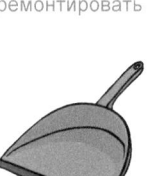

sovok

совок

vedro s kraskoj

ведро с краской

vinty

винты

muzykal'nye instrumenty
музыкальные инструменты

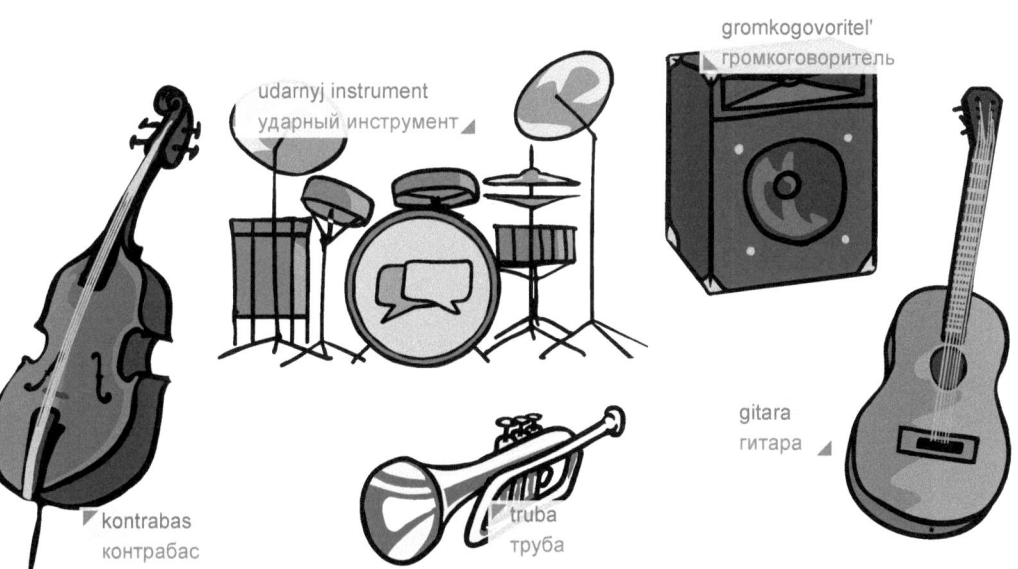

gromkogovoritel'
громкоговоритель

udarnyj instrument
ударный инструмент

gitara
гитара

kontrabas
контрабас

truba
труба

pianino

пианино

skripka

скрипка

bas-gitara

бас-гитара

litavry

литавры

baraban

барабан

sintezator

синтезатор

saksofon

саксофон

flejta

флейта

mikrofon

микрофон

zoopark
зоопарк

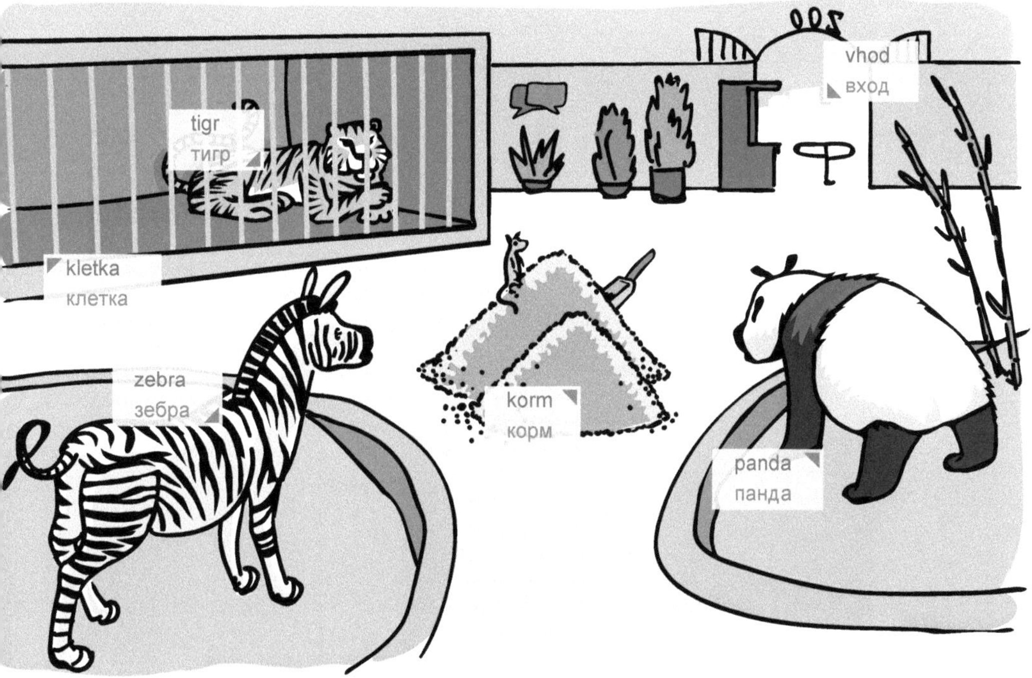

tigr
тигр
kletka
клетка
zebra
зебра
korm
корм
panda
панда
vhod
вход

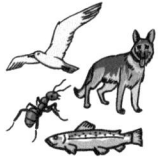

žyvotnye

животные

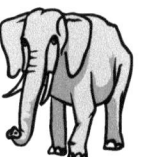

slon

слон

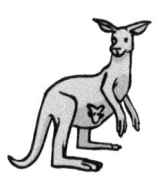

kenguru

кенгуру

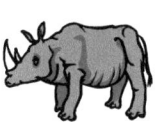

nosorog

носорог

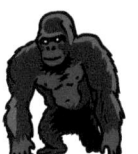

gorilla

горилла

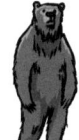

medved'

медведь

verblûd

верблюд

straus

страус

lev

лев

obez'âna

обезьяна

flamingo

фламинго

popugaj

попугай

belyj medved'

белый медведь

pingvin

пингвин

akula

акула

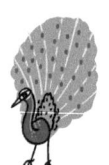

pavlin

павлин

zmeâ

змея

krokodil

крокодил

služytel' zooparka

служитель зоопарка

tûlen'

тюлень

âguar

ягуар

poni

пони

leopard

леопард

begemot

бегемот

žyraf

жираф

orël

орёл

kaban

кабан

ryba

рыба

čerepaha

черепаха

morž

морж

lisa

лиса

gazel'

газель

amerikanskij futbol
американский футбол

ezda na velosipede
езда на велосипеде

tennis
теннис

basketbol
баскетбол

plavanie
плавание

boks
бокс

hokkej
хоккей

futbol
футбол

badminton
бадминтон

lëgkaâ atletika
лёгкая атлетика

gandbol
гандбол

lyžnyj sport
лыжный спорт

polo
поло

dejstviâ
действия

smeât'sâ
смеяться
prygat'
прыгать
obnimat'
обнимать
idti
идти
pet'
петь
mečtat'
мечтать
molit'sâ
молиться
celovat'
целовать

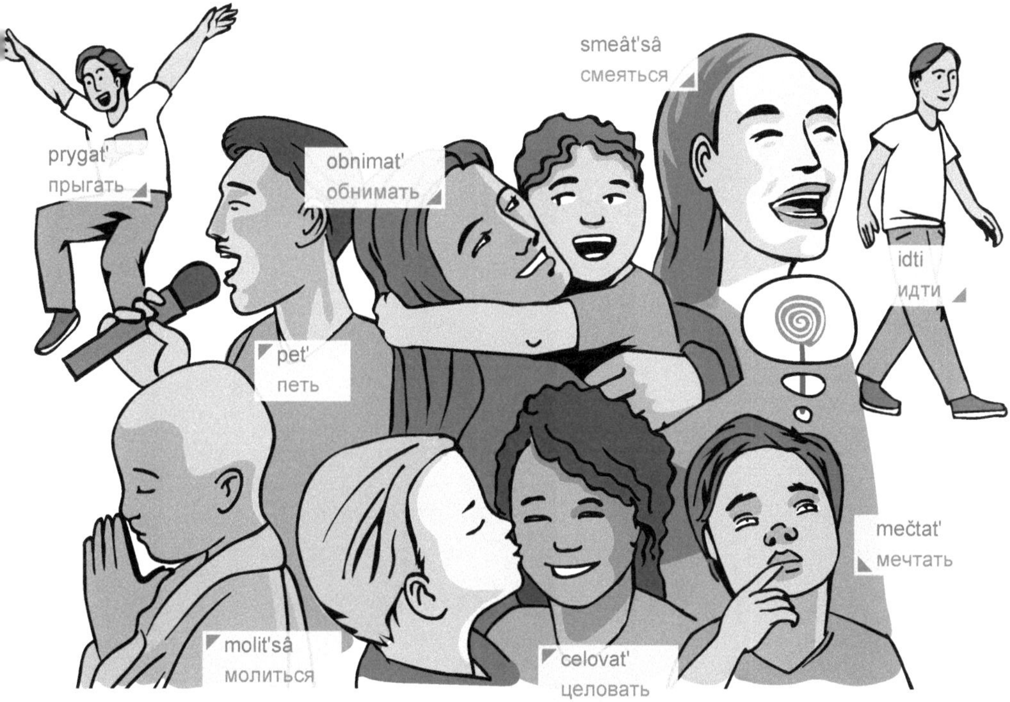

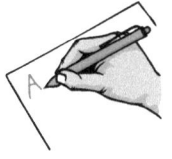

pisat'

писать

risovat'

рисовать

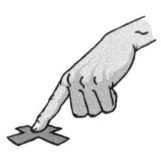

pokazyvat'

показывать

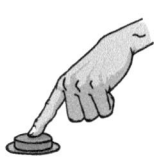

nažymat'

нажимать

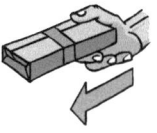

davat'

давать

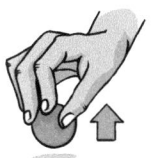

brat'

брать

imet'

иметь

delat'

делать

byt'

быть

stoât'

стоять

bežat'

бежать

tânut'

тянуть

brosat'

бросать

padat'

падать

ležat'

лежать

ždat'

ждать

nosit'

носить

sidet'

сидеть

nadevat'

надевать

spat'

спать

prosypat'sâ

просыпаться

rassmatrivat'

рассматривать

plakat'

плакать

gladit'

гладить

pričesyvat'

причесывать

govorit'

говорить

ponimat'

понимать

sprašyvat'

спрашивать

slušat'

слушать

pit'

пить

kušat'

кушать

navodit' porâdok

наводить порядок

lûbit'

любить

gotovit'

готовить

ehat'

ехать

letat'

летать

hodit' pod parusom

ходить под парусом

sčitat'

считать

čitat'

читать

učit'sâ

учиться

rabotat'

работать

vstupat' v brak

вступать в брак

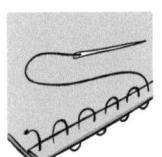

šyt'

шить

čistit' zuby

чистить зубы

ubivat'

убивать

kurit'

курить

otpravlât'

отправлять

sem'â
семья

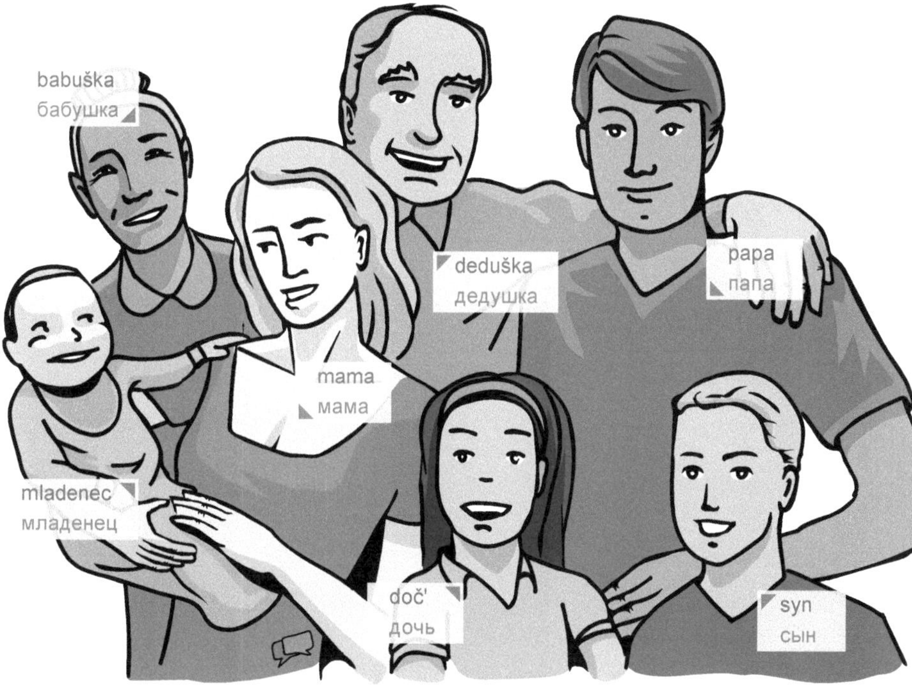
babuška
бабушка
deduška
дедушка
papa
папа
mama
мама
mladenec
младенец
doč'
дочь
syn
сын

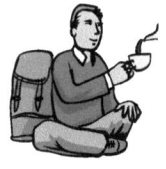

gost'
гость

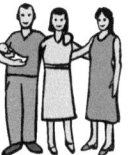

tetâ
тетя

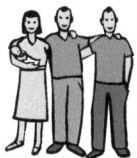

dâdâ
дядя

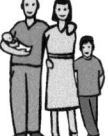

brat
брат

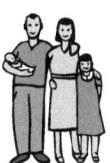

sestra
сестра

telo

тело

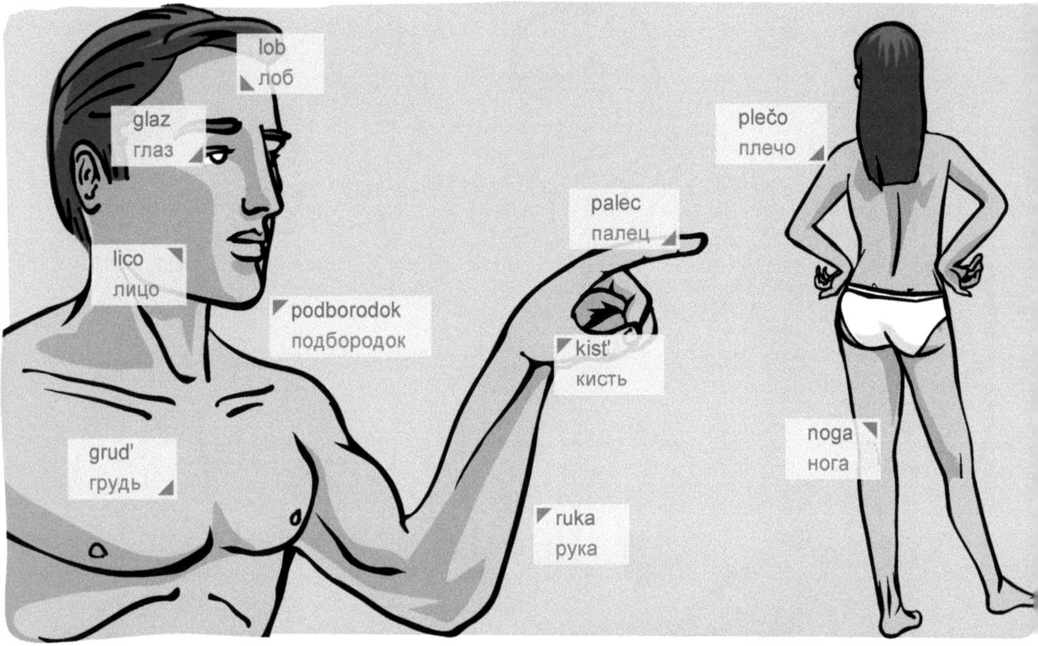
lob
лоб
glaz
глаз
plečo
плечо
palec
палец
lico
лицо
podborodok
подбородок
kist'
кисть
grud'
грудь
noga
нога
ruka
рука

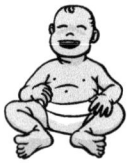

mladenec

младенец

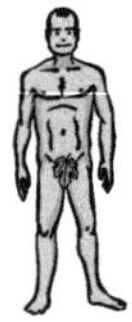

mužčina

мужчина

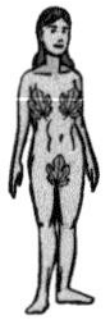

ženŝina

женщина

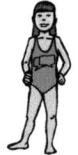

devočka

девочка

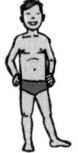

mal'čik

мальчик

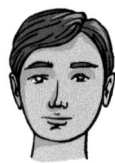

golova

голова

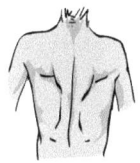

spina

спина

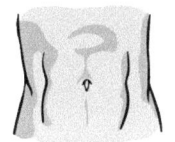

žyvot

живот

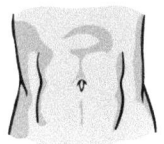

pupok

пупок

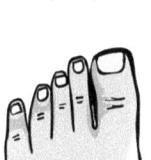

palec nogi

палец ноги

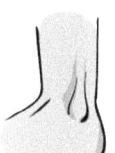

pâtka

пятка

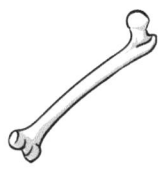

kost'

кость

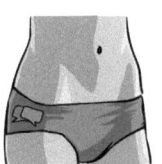

bedro

бедро

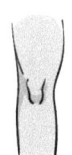

koleno

колено

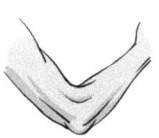

lokot'

локоть

nos

нос

âgodicy

ягодицы

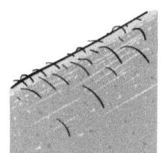

koža

кожа

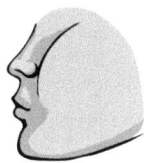

šeka

щека

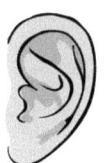

uho

ухо

guba

губа

rot

рот

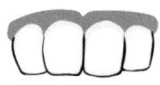

zub

зуб

âzyk

язык

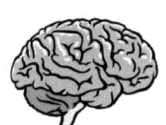

mozg

мозг

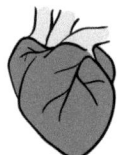

serdce

сердце

myšca

мышца

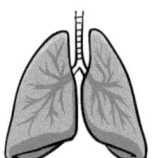

lёgkoe

лёгкое

pečen'

печень

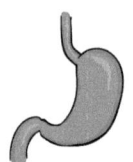

želudok

желудок

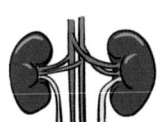

počki

почки

polovoj akt

половой акт

prezervativ

презерватив

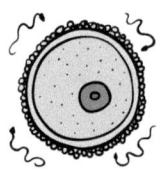

âjcekletka

яйцеклетка

sperma

сперма

beremennost'

беременность

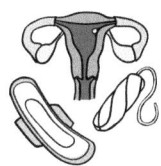

menstruacyâ

менструация

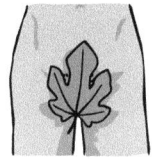

vagina

вагина

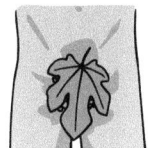

penis

пенис

brov'

бровь

volosy

волосы

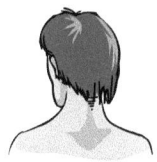

šeâ

шея

bol'nica
больница

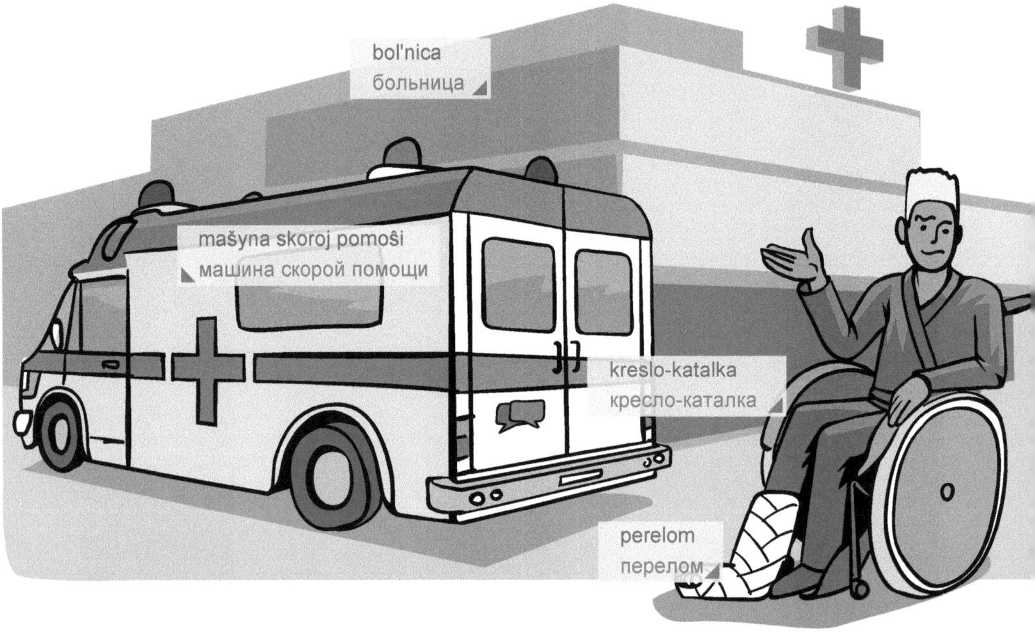

bol'nica
больница
mašyna skoroj pomoŝi
машина скорой помощи
kreslo-katalka
кресло-каталка
perelom
перелом

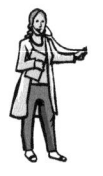

vrač

врач

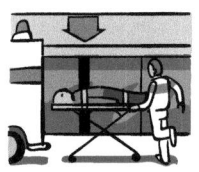

punkt pervoj pomoŝi

пункт первой помощи

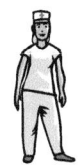

medsestra

медсестра

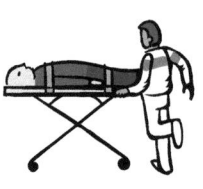

neotložnyj slučaj

неотложный случай

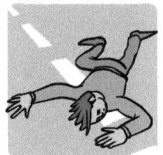

bez soznaniâ

без сознания

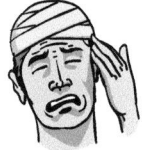

bol'

боль

povreždenie

повреждение

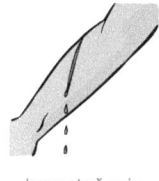

krovotečenie

кровотечение

infarkt

инфаркт

insul't

инсульт

allergiâ

аллергия

kašel'

кашель

povyšennaâ temperatura

повышенная температура

gripp

грипп

ponos

понос

golovnaâ bol'

головная боль

rak

рак

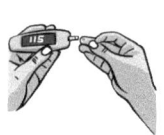

diabet

диабет

hirurg

хирург

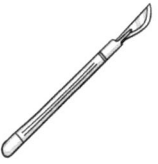

skal'pel'

скальпель

operacyâ

операция

KT

КТ

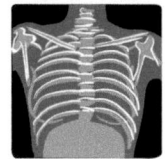

rentgen

рентген

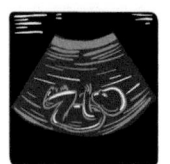

ul'trazvuk

ультразвук

maska

маска

bolezn'

болезнь

priëmnaâ

приёмная

kostyl'

костыль

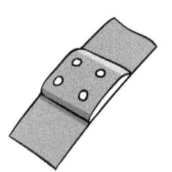

plastyr'

пластырь

bint

бинт

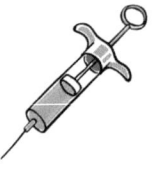

ukol

укол

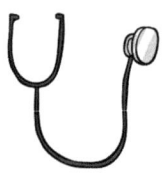

stetoskop

стетоскоп

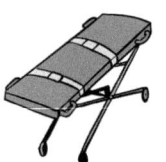

nosilki

носилки

termometr

термометр

roždenie

рождение

izbytočnyj ves

избыточный вес

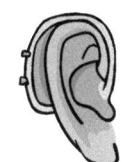

sluhovoj apparat

слуховой аппарат

dezinfekcyonnoe sredstvo

дезинфекционное
средство

infekcyâ

инфекция

virus

вирус

VIČ / SPID

ВИЧ / СПИД

lekarstvo

лекарство

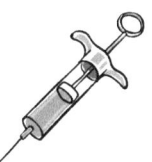

privivka

прививка

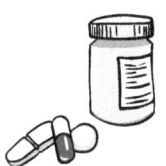

tabletki

таблетки

protivozačatočnaâ tabletka

противозачаточная
таблетка

èkstrennyj vyzov

экстренный вызов

pribor dlâ izmereniâ
krovânogo davleniâ

прибор для измерения
кровяного давления

bol'noj / zdorovyj

больной / здоровый

Pomogite!

Помогите!

napadenie

нападение

signal trevogi

сигнал тревоги

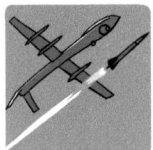

ataka

атака

opasnost'

опасность

zapasnoj vyhod

запасной выход

Požar!

Пожар!

ognetušytel'

огнетушитель

nesčastnyj slučaj

несчастный случай

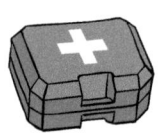

aptečka

аптечка

SOS

SOS

milicyâ

милиция

Evropa

Европа

Severnaâ Amerika

Северная Америка

Ûžnaâ Amerika

Южная Америка

Afrika

Африка

Aziâ

Азия

Avstraliâ

Австралия

Atlantičeskij okean

Атлантический океан

Tihij okean

Тихий океан

Indijskij okean

Индийский океан

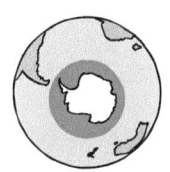

Antarktičeskij okean

Антарктический океан

Severnyj Ledovityj okean

Северный Ледовитый
океан

Severnyj polûs

Северный полюс

Ûžnyj polûs

Южный полюс

Antarktika

Антарктика

zemlâ

земля

suša

суша

more

море

ostrov

остров

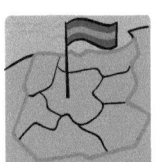

nacyâ

нация

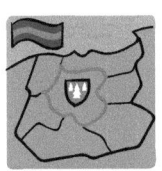

gosudarstvo

государство

cyferblat

циферблат

časovaâ strelka

часовая стрелка

minutnaâ strelka

минутная стрелка

sekundnaâ strelka

секундная стрелка

Kotoryj čas?

Который час?

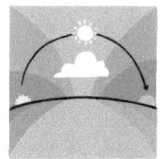

den'

день

vremâ

время

sejčas

сейчас

èlektronnye časy

электронные часы

minuta

минута

čas

час

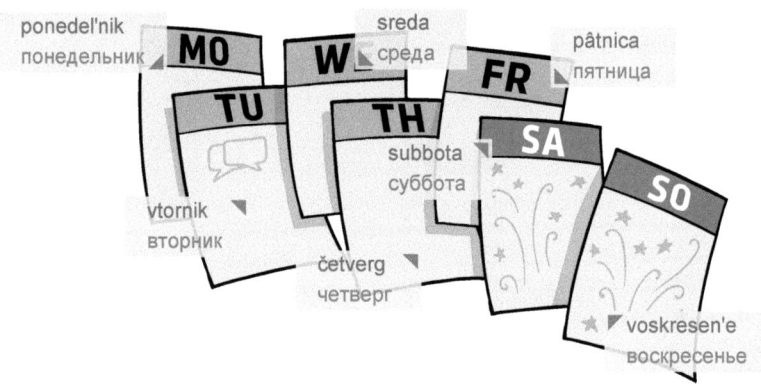

ponedel'nik
понедельник — MO

sreda
среда — W

pâtnica
пятница — FR

TU
TH
SA
SO

vtornik
вторник

subbota
суббота

četverg
четверг

voskresen'e
воскресенье

včera
вчера

segodnâ
сегодня

zavtra
завтра

utro
утро

polden'
полдень

večer
вечер

rabočie dni
рабочие дни

vyhodnye
выходные

dožd'
дождь

raduga
радуга

sneg
снег

veter
ветер

vesna
весна

osen'
осень

leto
лето

zima
зима

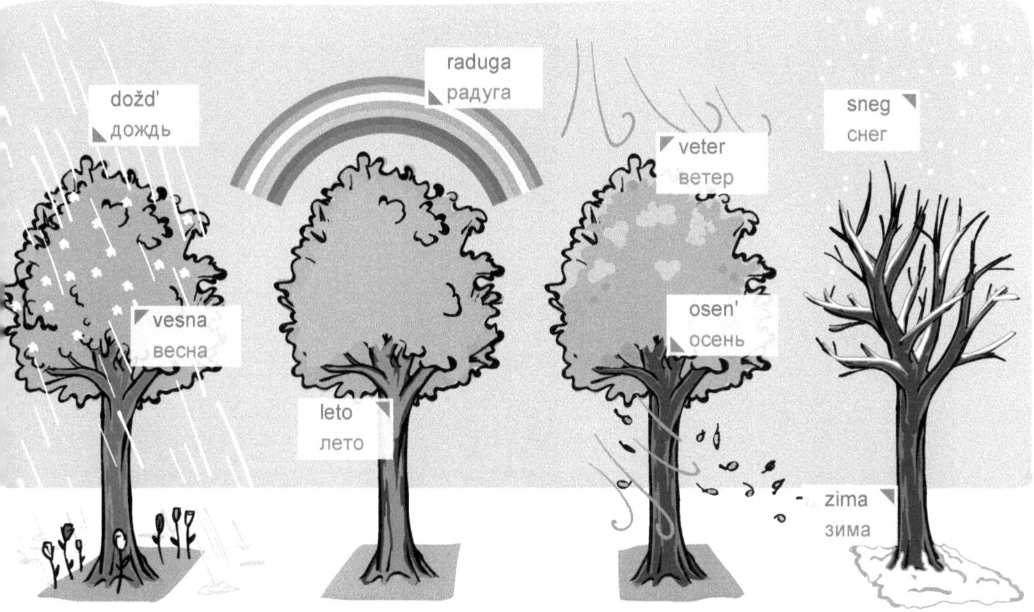

prognoz pogody

прогноз погоды

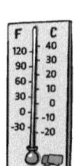

termometr

термометр

solnečnyj svet

солнечный свет

tuča

туча

tuman

туман

vlažnosť vozduha

влажность воздуха

molniâ

молния

grom

гром

burâ

буря

grad

град

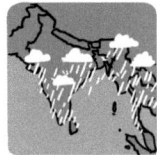

musson

муссон

navodnenie

наводнение

lëd

лёд

ânvar'

январь

fevral'

февраль

mart

март

aprel'

апрель

maj

май

iûn'

июнь

iûl'

июль

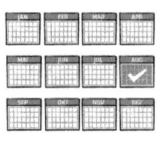

avgust

август

sentâbr'

сентябрь

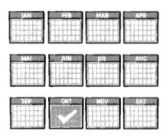

oktâbr'

октябрь

noâbr'

ноябрь

dekabr'

декабрь

formy
формы

krug

круг

kvadrat

квадрат

prâmougol'nik

прямоугольник

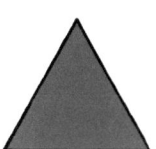

treugol'nik

треугольник

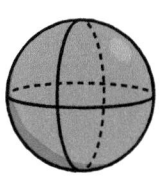

šar

шар

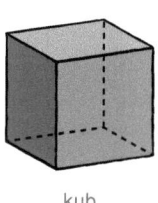

kub

куб

belyj

белый

želtyj

желтый

oranževyj

оранжевый

rozovyj

розовый

krasnyj

красный

lilovyj

лиловый

sinij

синий

zelënyj

зелёный

koričnevyj

коричневый

seryj

серый

černyj

черный

mnogo / malo

много / мало

ârostnyj / mirnyj

яростный / мирный

krasivyj / urodlivyj

красивый / уродливый

načalo / konec

начало / конец

bol'šoj / malen'kij

большой / маленький

svetlyj / temnyj

светлый / темный

brat / sestra

брат / сестра

čistyj / grâznyj

чистый / грязный

polnyj / nepolnyj

полный / неполный

den' / noč'

день / ночь

mërtvyj / žyvoj

мёртвый / живой

šyrokij / uzkij

широкий / узкий

s"edobnyj / nes"edobnyj

съедобный / несъедобный

zloj / družel'ûbnyj

злой / дружелюбный

vzvolnovannyj / skučaûŝij

взволнованный / скучающий

tolstyj / hudoj

толстый / худой

snačala / v konce

сначала / в конце

drug / vrag

друг / враг

polnyj / pustoj

полный / пустой

tvërdyj / mâgkij

твёрдый / мягкий

tâžëlyj / legkij

тяжёлый / легкий

golod / žažda

голод / жажда

bol'noj / zdorovyj

больной / здоровый

nezakonnyj / zakonnyj

незаконный / законный

umnyj / glupyj

умный / глупый

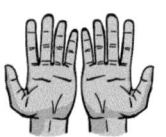

sleva / sprava

слева / справа

blizko / daleko

близко / далеко

novyj / poderžannyj

новый / подержанный

ničto / nečto

ничто / нечто

staryj / molodoj

старый / молодой

vklûčeno / vyklûčeno

включено / выключено

otkryto / zakryto

открыто / закрыто

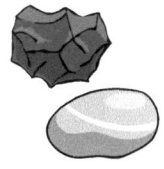

tiho / gromko

тихо / громко

bogatyj / bednyj

богатый / бедный

pravil'nyj / nepravil'nyj

правильный /
неправильный

šerohovatyj / gladkij

шероховатый / гладкий

pečal'nyj / sčastlivyj

печальный / счастливый

korotkij / dlinnyj

короткий / длинный

medlennyj / bystryj

медленный / быстрый

mokryj / suhoj

мокрый / сухой

tëplyj / prohladnyj

тёплый / прохладный

vojna / mir

война / мир

cyfry

цифры

0

nol'

ноль

1

odin

один

2

dva

два

3

tri

три

4

četyre

четыре

5

pât'

пять

6

šest'

шесть

7

sem'

семь

8

vosem'

восемь

9

devât'

девять

10

desât'

десять

11

odinnadcat'

одиннадцать

12

dvenadcat'

двенадцать

13

trinadcat'

тринадцать

14

četyrnadcat'

четырнадцать

15

pâtnadcat'

пятнадцать

16

šestnadcat'

шестнадцать

17

semnadcat'

семнадцать

18

vosemnadcat'

восемнадцать

19

devâtnadcat'

девятнадцать

20

dvadcat'

двадцать

100

sto

сто

1.000

tysâča

тысяча

1.000.000

million

миллион

anglijskij

английский

amerikanskij anglijskij

американский английский

mandarinskij kitajskij

мандаринский китайский

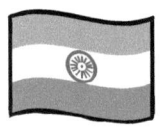

hindi

хинди

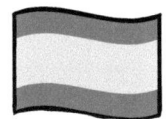

ispanskij

испанский

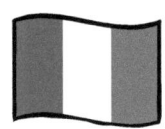

francuzskij

французский

arabskij

арабский

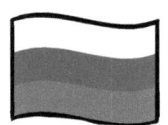

russkij

русский

portugal'skij

португальский

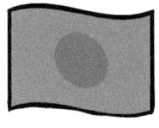

bengal'skij

бенгальский

nemeckij

немецкий

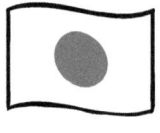

âponskij

японский

â

я

ty

ты

on / ona / ono

он / она / оно

my

мы

vy

вы

oni

они

kto?

кто?

čto?

что?

kak?

как?

gde?

где?

kogda?

когда?

imâ

имя

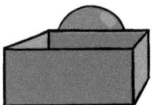

za

за

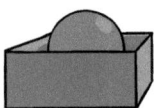

v

в

pered

перед

nad

над

na

на

pod

под

râdom

рядом

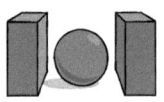

meždu

между

mesto

место